Bradong Azangue

Mon peuple de valeurs

Bradong Azangue

Mon peuple de valeurs

De la balkanisation à l'Union pour une Afrique meilleure

Éditions Muse

Cover image: www.ingimage.com

Publisher:
Éditions Muse
is a trademark of
International Book Market Service Ltd., member of OmniScriptum Publishing Group
17 Meldrum Street, Beau Bassin 71504, Mauritius

Printed at: see last page
ISBN: 978-620-2-29505-5

Zugl. / Agréé par: Dschang , université de dschang ,sep,2019

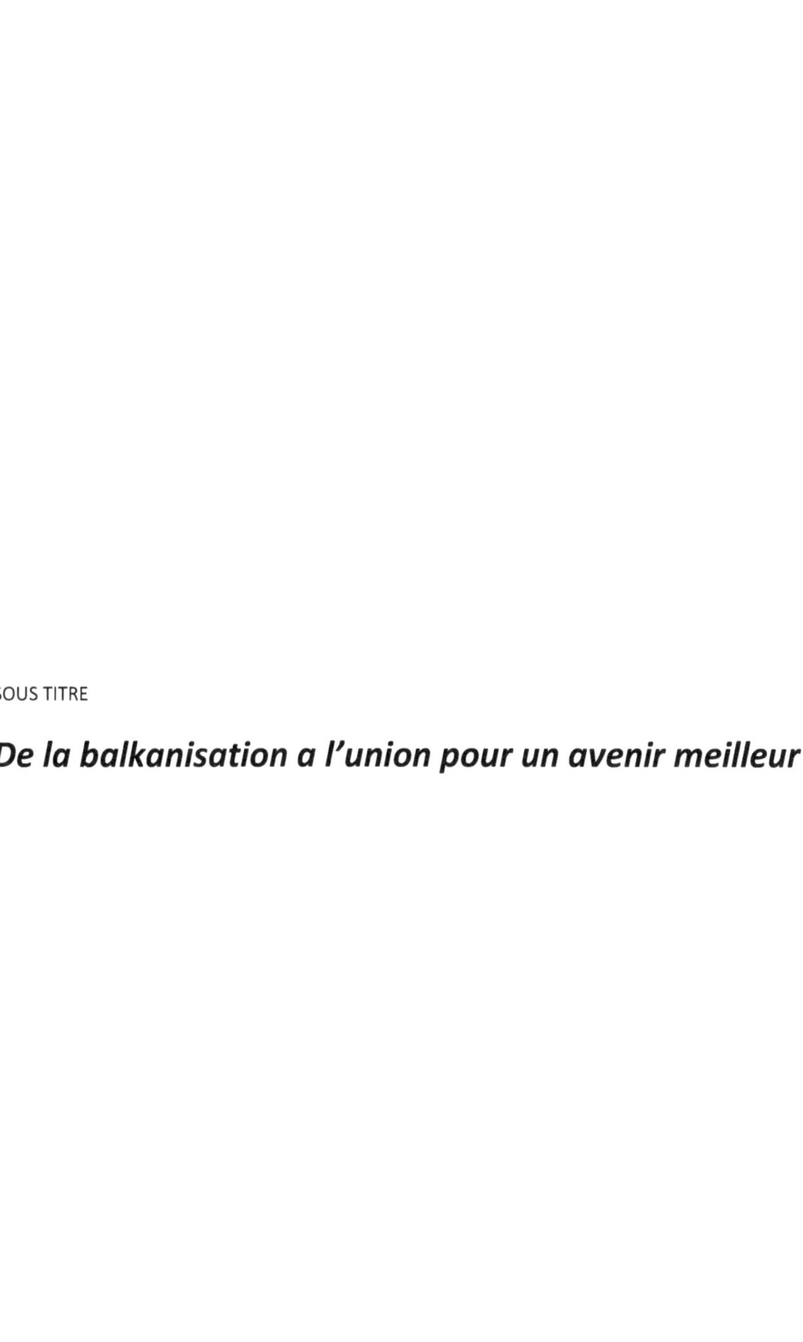

SOUS TITRE

De la balkanisation a l'union pour un avenir meilleur

Avant-propos

Pour une évolution remarquable de notre continent nous devons prendre conscience de notre situation actuelle. Prendre conscience de ce que nous sommes et éviter tous les états et les actes qui vont davantage nous condamner dans cette obscurité. Etre fier d'être africain et sauvegarder notre dignité, nos valeurs qu'elles soient moral, physique et même culturelle.

AZANGUE Ndonfack BRADONG est de ses jeunes poètes qui depuis tout petit n'a pour souci majeur, rien d'autre que ; l'émergence des pays du tiers -monde.

Tsadjia mekeu Franck Jospin

Sud

Où suis-je ?
Ou suis-je véritablement ?

Du bas je remonte vers le haut.
Du trou je recherche comment me retrouver en surface.
De l'obscurantisme je recherche la lumière.
De l'intolérance je vire vers la tolérance.
De la demande continue je renonce pour la recherche personnelle.

Mais où suis-je ?
Ou suis-je véritablement ?

Dans les bas-fonds ;
Des bas-fonds je remonte vers les hauteurs
Dans la vallée sinistre ;
De la vallée des souffrances je chemine vers la montagne du bonheur
Dans le trou misérable ;
De ce trou je recherche le moyen pour me rendre en surface
Dans l'obscurantisme ;
De cet obscurantisme je recherche la lumière
De l'intolérance de vos systèmes ;
Je me détourne pour la tolérance,
Pourtant moi enfant du sud ;
Je demande que vous leviez vos bras.
C'est par les malheurs que naît le bonheur !

MA FIERTE

Qui suis-je ?

Un fils du monde.

Quel monde ?

Celui des vivants.

De quel continent ?

L'un parmi les cinq.

Lequel ?

Celui qui porte le nom berceau de l'humanité.

Quel nom donne-t-on à ce berceau ?

L'Afrique! Africa'a! Africa'a terre des valeurs morale

De quelle race es- tu ?

De la race noire.

Quelle illusion prône cette race ?

La race à la peau noire; couleur d'éternités !

La couleur atemporelle!

LA RECONNAISSANCE

Je suis un jeune homme comme tous les autres.
Je suis fière de moi car mes parents ont fait de moi un être de justesse.
Juste comme tous les enfants qui chantent en chœur.
Je suis humaniste comme mon père et ma mère.
Humble comme mon grand père et ma grande mère.
Je suis dignement poli comme toute la jeunesse ***africaine.***
Je suis un être social et solidaire comme l'étaient mes ancêtres avant la balkanisation de mon très cher continent.
Je suis originaire de là non loin de le capital de la région de l'ouest ***Cameroun.***
Je suis née ou le bien triomphe sur le mal, sur la terre des noirs ; noble de tous les jours et de tous les temps.

La misère

Oh misère !
Nous t'avons vécue.
Sur toutes tes formes,
Nous peuple africain nous t'avons vécue.
Que tu sois inerte nous t'avons vécue.

Nous ne voulons plus de toi.
Du moindre coup, tu transcende nos époques.

Depuis que nous avons vu,
Tes pas sur nos terres,
Nos souffrances ont vu le jour.
Toi l'homme a la couleur de circonstance.
Tu nous as possédé!

De par nos résistances,
Nous avons cru t'avoir vaincu.
Mais toi tu nous as suivi.
Nous restons dans le noir de par vos dominations atemporelles.
Tu nous as condamné à vivre dans le sous-développement.
De par votre néocolonialisme,
Mon peuple souffre de vos plans.
Nos misères en découlent ...
Notre sort relate de vos pas sur nos rives.
Nous sommes des Etats digne de pitié !
Nous nous lamentons sur nos époques.
Tout comme nos précédents de par vos systèmes ...

Nous pourtant peuple de richesses nous restons dans les ténèbres.
Notre misère sur toutes ses formes devrait s'abolir.
Au profit de la liberté, du développement,...
Misérable que je suis, mon existence fructifiera mon peuple de valeur.

Homme sans valeurs

Faudrait-il que je m'en souvienne ?
Oh pauvres corrompus !
Sur quelle dignité t'inscris-tu ?
Oh quel maigre somme pour t'enfreindre !
Oh pauvres hommes !

Vous n'aviez pas d'importance sur cette terre.
Quels matérialistes étiez-vous ?
Très chers administrateurs,
Dirigeant de nos structures éducatives.

Sur le sceau du siècle,
Vous n'êtes que des misérables.
Quelle somme ?
Vous n'êtes que des êtres sans scrupule,
Sans raison de vivre dans cet univers.

Faut-il que j'en parle de vos moralités ?
Vous n'êtes que des animaux,
Qui ne pense qu'à satisfaire leurs besoins.
Suffit-il d'une femme aux mœurs douteuses ?
D'une fille au regard goguenard ?
Vous êtes des vendeurs du peuple.
Oh abolisseur des lois de la nation.

Ou allez-vous pauvres corrompus ?
Nous vous demandons :
De quitter nos Etats afin que,
Nous construisons nos Etats.
Car vous êtes que, des vecteurs du sous-développement.

L’union

Oh grand peuple balkanisé!
Toi qui fus unitaire,
Tu n’es plus qu’un gâteau découpé sur nos yeux brisés.

Toi qui fus unitaire,
Je n'ai des yeux que pour toi !
Par amour humanitaire
Et pour toi.

À la grande marche vers le développement,
J’appelle à l’union des Etats africains.

L’éducation

Quelle école on nous enseigne ?
Où allons-nous avec toutes ces futilités ?
Nous n’avons pas d’enseignements
Mais des funestes leçons d’une grande inutilité.

A quoi ça sert de nous enseigner toutes ces leçons ?
Tant et si bien qu’elles le sont,
Tant qu’elles ne nous aident en rien
Et sont plutôt source du rien.

Nous recevons des enseignements certes
Mais sans rapport avec le concret tiers-mondiste.
Nous devons Préconiser une éducation rationaliste
Qui vise à la domination de la nature.

Car l’éducation du peuple est aussi un pilier far vers une meilleure existence.

Aux religions aveuglantes

J'ai aboli mes cultures pour me livrer aux religions !
Quelles religions ?

J'ai suivi le christianisme
J'ai suivi le protestantisme
J'ai suivi le judaïsme
J'ai suivi l'islamisme
J'ai suivi l'éthologie religieuse occidentale.

Mais sous la domination, restant dans le dogme
J'ai fermé ma raison !

Quelles religions ?
Toutes sans valeurs !
Où est ma culture ?
Où sont passées mes valeurs ?
Toutes ses valeurs propres à mon peuple !
Vous êtes si primordiales pour mon peuple.

Où en sommes-nous avec ses religions
Depuis qu'elles ont bouleversées nos cultures ?
Oh Nous malheureux acculturés !
Pourquoi se laisser acculturer d'avantage ?
Oh Pauvres africains !
Nos cultures sont primordiale et non ces religions.

Ces religions qui nous font perdre le coup des yeux
révolutionnaires.
De par le dogme religieux occidental,
De par les exigences religieuses qui sont hors de ma société,
J'ai maintenu ma culture.
Hélas regarder moi japon, chine, Corée du Nord,

Je n'ai pas besoin de me plier aux pieds d'une qui conque nation.

Drôle d'humains

Là je décide de me poser sans soucis
Je perçois des visages, attirants, angéliques ;
Sans scrupule de haine ;
Pourtant fatigant de leur silence ;
Là je décide de me lancer sans haine pour vous
Mais d'amour pour vous
C'est la famille, soyons à jamais ensemble.

Là encore je perçois des personnes
Toutes fatigants, intrigants solitaires et insolents
Je me pose encore ;
Je regarde, là ces visages semblent de nouveau m'intéresser amèrement.
J'observe des personnes qui se réduisent à l'animalité.
J'observe des êtres bavards.
J'observe des visages sanglant d'émotion.
Je perçois des images moqueurs.
Ce n'est pas si grave que ça
Ce qui me plait vous plait.
Mes envies sont vos envies
Et mes désirs sont semblables aux vôtres
La réussite nous interpelle
Et le bonheur nous le méritons

Là encore je décide de me poser.
Intéressants vous êtes.
Mais vos comportements me déçoivent.

Des hommes insolents.
Des êtres qui se comparent
Des personnes qui se substituent en Dieu ; là je rigole.
Des personnes qui refusent la socialisation.

Là je me pose et je dis :
Soyons humains en africanité.
Soyons socialisé en idéal d'être.
Soyons raisonnable, unis et aimer.
Soyons des idoles à suivre car nous,
Très sûr de moi tous nous sommes des modèles.
La réussite est devant nous.
La solidarité construit nos avenirs.

Là encore je me pose. Je pense : je réalise et conseil :
Travaillons, doublons d'efforts.
La réussite s'obtient par une séparation d'être.
Mais de quoi ?
Là encore je me pose et je dis.
De nos envies destructrices.
De nos désirs éternels démoniaques.
Car le bonheur est à décrocher par ce denier.
Mais lequel ?

Là encore je me pose.
Celui qui se sépare pour enfin se concentrer.
Puisque demain ce le grand jour qui,
Ne reçoit que des êtres dignes,
Socialisés et renchéries de vertus !

Mes voyages

Très souvent sous les routes de l'ouest je me déplace
Toute fois sans vouloir ne plus recommencer je continu
Vivement et avec la tête haute, jamais je m'enlace.
A ne plus penser de voyager s'offre des inconnus

Je fais mes choix, je les décide et je trouve le bon temps
Pour me déplacer d'un point à l'autre,
Il faut aussi un bon moyen tant
Je vie je me déplace j'aime cela car rien ne va battre

Toute fois dans la vie on ne décide pas toujours
Non plus on ne choisit.
Parfois on envisage les coûts pour mieux réussir
Les chances de survie supérieur le jour.

Difficile de penser de savoir qu'on peut
Par chance tomber sur des êtres irraisonnables
Sans doute on perçoit des personnes raisonnables
Je les vis et toi tu peux

J'en ai vu des cas et des cas
Des hommes et puis des femmes se chamailler
Les jeunes et puis des vieux
Tous sont des êtres ayant la raison bousillée

Malgré tout je les supporte et je les conseille
Pour mon peuple je prodigue des conseils

Très difficile de trouver et jamais impossible
Des personnes morales existent fort et bien
Ainsi loin de ces derniers je les aime bien
C'est la vie il suffit d'éviter qu'elle nous vive

Fin de compte rien n'est sans opposé
Nul n'est au-dessus de l'autre
Nous sommes en société.
Sans doute des écarts existent
Pour encourager le sens du travail
Tout comme l'homme est appelé à se réserver

<u>Une fin de soirée au destin sobre</u>

<u>1400-1900</u>

Au fil du temps, j'ai aimé
Ayant quelques siècles j'ai aimé, sans relâche j'ai aimé
Pour vivre l'amour j'ai dû me sacrifier
Sans toutefois réussir l'amour m'a quitté

Tu m'as colonisé
Tu m'as exploité
Tu m'as acculturé
Ta vraie dentelle tu me l'as montrée

Aussitôt j'ai dû me prononcer
Pourtant j'avais tout mis en péril pour vivre
Toutefois on vie, rêve et seule la vie est mieux
Pour de vrai, rien que la fin d'une fin d'une très belle histoire

Pour tes stupides missions
Missions d'exploration
Missions d'évangélisation
Tu m'as caché la colonisation

En amour, j'ai aimé
En amour j'ai perdu mon amour
Très tôt je l'ai aimé
Aussi vite que possible je l'ai perdu l'amour

Oui perdu au moment même
Ce moment-là où je tenais à toi même
Et tu m'as assassiné
Et tu m'as dépouillé

Loin de tout savoir de toi, je doutais de tout
Sans dire autant, elle se fie à régner
Sur une partie de ma vie, non tout
Pourtant je ne l'en veux pas car elle m'a aimée

Tu m'as appris
Tu m'as aussi sensibilisée
Tu m'as fait vivre
Sans que le temps ne me vive

De nos différences elle s'est en servis
De nos bons moments elle les a emboités
De nos rêves, elle s'en est passés
De mon amour pour elle, elle m'a foutu le camp

De ses alliés, elle prit du plaisir à me faire souffrir
Pourtant je ne l'en veux pas
Pour de vrai j'ai mis un terme à notre relation
Pour ne plus penser à cela j'ai pris mon stylo

Loin d'elle, elle c'est tout permise
De ses prétendants elle m'a séché
Dans la tristesse j'ai pu avoir un ami
Comme toujours elle était tout près de moi

Du sud elle m'a soutenue
Par ses idées je suis en bonne vue
Comme jamais je n'ai été soutenu
Et avec une telle vue

Aussi tôt elle m'a permis de mettre un terme à la fidélité
Pour me livrer à ce que j'ai temps détesté
Dès lors j'ai renoncé à l'amour

Sans raisons fiable, j'ai pris goût

Loin d'être capitaliste
Ni socialiste je suis à la médiane
De mes enjeux je ne suis non plus communiste
Pourtant je suis .....lse

Pour elle c'était fini
Pour moi j'avais espoir
Pour elle, elle était libre
Pour moi, elle venait de tout perdre en or

Car j'ai tout changé
Sans tout supprimer
Et à vouloir la garder
J'ai diversifié les partenaires

Sans être un dieu, j'ai pleuré pour elle
Sans être un simple homme j'étais presque parfait
À la recherche de la perfection
J'étais prêt à tout pour elle

Pour me sentir humain, j'ai dû me réveiller
Pour m'affirmer, j'ai beaucoup sacrifié
Pour être fier de moi j'ai gardé la tête haute
Pour demeurer la nation que j'étais, j'en ai fait autant qu'elle.

Plus que jamais je m'en sors
Plutôt bien j'ai tout
Plus vite elle est à mes trousses
Et pour toujours au diable pays du sort

Pour de vrai je ne veux plus de toi
Pour mon développement déguerpi

Sur tous les plans de vie
Oui toi métropole de malheurs !

Sous hommes

Sous nos yeux, tous ils trépassent
Tant d'imprudences pour nos êtres
Nos faux idéaux nous dominent
Il sent suit déraison à la détresse

Tous ils trépassent nos êtres de valeur
Mais quelle raison donne ton à cela ?
Je me demande si nous somme raisonnable.

Sous le fait de nos imprudences
Nous les conduisons tous
Dans toutes nos couches sociales d'indigence
Nous les menons à l'inconnu sans atouts

Dans nos centres de santé,
Nos établissements scolaires
Nos idées ne sont que fausseté

Tous ils trépassent, nos êtres d'un rôle indéfini

Oui que faisons-nous ?
Oui nous les conduisons après nous
Et sans raison à la divinité infini

L'africain de tous les temps

Sous la rive coule de l'eau débordée
Sous la haute atmosphère l'eau se condense
Mieux que tout, rien de mal ne m'est abordé
Mieux de grand que des danses
Des hommes que des dieux
Des jeunes que des vieux
Tous sans exception rêvent haut
Tous ils rêvent d'une vie de DIEU.

Troublé, qu'il soit jeune ou vieux
Ils veulent réaliser les rêves.
Réalistes ils connaissent les enjeux du rêve
Déterminés, personne ne veut renoncer

Passionnés, déterminés et rêveurs
Ils disent oui à la vie
Comme de super-hommes travailleurs
Ils n'osent renoncer à l'envie

Bien qu'ils vivent, ils pensent et réalisent
Sans pessimisme, ils sont des Nkrumah
Et dans l'orgueil ils visualisent
Comme tout homme ; la liberté.

Les misérables

Un moment de réflexion me déporte

Me voici sous développé sans avenir

Rien de mieux, ils sont tous sur le règne des émotions.

Accru au pouvoir, ils ont le pays en leur possession

En absence d'humanité, ils sont nos misères

Une poigné, pourtant ils détiennent notre sort

Sans être des visionnaires, et avec vous

Regardez tous ces projets jamais arrive à terme

<u>Le panafricain</u>

Que d'hommes
Que d'idiots autour de moi.
Que d'incapables en particulier
Que de personnes nobles.

De tous ces enfoirés je souffre !
Pour ne rien dire d'ennuyeux je rêve
Comme tous mes frères je pleure !
A mes dires je parle pour vous
Que de Ferrandon je suis à vous !

Pour une Afrique meilleur j'ai vos membres
Pour mon peuple j'ai vos charges, je les porte
De ma sainteté je vous pris
A grand ligne de mes précédents je m'aligne

Pour vous je dois vous redonner le sourire
A ma vie je vis pour vous
À mon être je vous suis éternel
Pour vous défendre je suis là
Aux grands problèmes de notre ère je parle

Pour nos monnaies
Pour nos richesses perdues
Pour nos grands intellectuels.
De moi je parle pour l'Afrique

Afrique terre d'hospitalité
Terre de rêves et de bien être atemporel
Telle est notre Afrique de demain.
Afrique de tous les êtres

Du véritable melting-pot

Pour nos sages je prends parole
Tout comme pour les pouvoirs je les demande
Pour notre mieux je suis bien indiqué
Pour nos valeurs je suis prêt à les défendre

Sur la scène internationale je me propose
Pour témoigner de ce que nous sommes
Pour dire que nous sommes des humains
Des êtres recherchés par tous les autres
Et nom des "sauvages " comme ils le pensent

Pour nos désirs je suis là
Tout comme pour nos rêves je porte la responsabilité
Ceci est Une si lourde charge pour moi
Pourtant plus légère pour nous
Dans l'union nait la force

Pour voir mon peuple tant souhaité
J'appelle à la solidarité
Pour notre réaffirmation dans le monde
J'exhorte à nos dirigeants de s'unir
Pour une Afrique libre et unis

La triste réalité

Des continents aux cinq dentelles
Aux histoires miraculeuses
Et aux hommes de couleurs
Rouge, blanche, jaune et noire
Aux écarts si énormes que de couleurs
Plutôt de politique et de statut
De gestion que d'instituts
Et plus que des moralités au caméléon
Des hommes à châtier
Par un système de lion
Qu'un autre de guitare
Et de violon qui tarde

Aussi mieux pour l'Afrique
Que pour l'Asie du sud

Sans doute vous devez
Et plus que jamais
Adhérer à la course des nations
Au top des superpuissances
A la recherche de la puissance
Pour vos enfants que pour vous
Pour nos futuristes que nos aïeux
Sans raison et avec joyeux
Sans égoïsme et pour vous
Que pour moi quitter le statut
Sans vouloir ni peux ni moins le statut
D'être à la racle de l'histoire avec vous.

Femme

Toi femme tu porte
Oui tu le porte

Dans tes bras
Et sur tes bras
Mais aussi sur tes deux
Plus sur tes deux

A ne pas vouloir
Puis sans devoir
Oublier quoi
Que ce soit

Tu la porte et avec force
Contre toi dans la danse

Et dans la joie
De femme avec foie
Puis à ne point
Et sans que l'HOMME ne pointe

Il est en tes mains de dame
Et sans un seul drame
Tu le porte
Oui tu le porte

L'humanité des hommes.

A ma mère *Maman Régine*

Sous les charmes des astres,
Sous la régence des princesses,
Sous les exigences de l'amour,
Sous la beauté des fleurs,

Toi tu es la plus belle au monde.
Toi tu es l'irrésistible qui nous fait grandir
Toi tu es la plus scintillante sur terre.
Toi tu es la fée qui nous appelle à un mieux-être.

Unique en ton genre,
Unique en termes de beauté,
Unique par la ferveur de tes yeux,
Unique par tes attraits tu es la plus charmante qui vie!

Vivante tu es aimée par les enfants du monde
Vivante tu demeures sous nos yeux la plus belle des terrains.
Vivante ton amour nous est réservé.
Vivante tu es à aimer !

Le destin conduit et l'amour nous mène vers l'attendu.
Le sens d'humilité nous appelle tous.
Le vrai amour nous domine
Le socle d'amour nous renchéri

L'anarchique

Bienvenue les enfants
Marcher sans compter vos pas
Courrez même sans suivre vos cœurs

Souriez puis riez à pleines dents
C'est votre temps de pleine jouissance
Puisque en la présence de la conscience

Maître suprême de l'homme
Vont naître toutes formes de contrainte
Et enfant vous direz à Dieu la liberté

Le péché de l'humanité

L'homme, encore l'homme
De guerre aux armes
De grande calibre et bien que
Ce sont des armes

Sont fait pour le sang plus inconnu
Que des sources même inconnues
Jusqu'ici incertain aux hommes
Aux vissages de sang des âmes

Perdu en bataille
Sans importance et plus
Que leurs poids de taille
Et voilà c'est la guerre et plus

C'est la mort des êtres que
Des animaux brefs c'est la même chose
Et oui du crime envers l'humanité
Et envers elle que pour la chose

Au fort présage de la divinité
Indifférente de l'infinité
Qui règne dans le monde
Et non à la ronde !

Puis ils disent les sages

Et accuse Dieu les enfants
Puis eux aussi les soldats de la ronde
Qui s'entretuent dans le vide sans
Que nul n'ose dire qu'il a les mains de sang
Sans exception d'âge
Ainsi que pour la rage
Sans respect des rangs

Dissent guerre guerre !
Guerre de malheur !
Guerre de diable !
Guerre de misère !
Guerre au visage de sang
Aux allures de fin

Une fin pour l'humanité
Et de la vie que sais-je encore
De toi instrument de destruction
De fardeau que de domination

Sans vouloir dire
Ou encore pour en dire
Ou même parle de pire
Si tu es de DIEU
Ou plutôt du diable
Selon ton origine insoupçonnable

Aux yeux des mortels qui embrassent la vie
Demande la fin de ton règne
Car ils te détestent de toutes leurs veines
Où circule à grand effort la vie

Puisqu'ils aiment vivre dans la paix
Dans l'amour que dans la haine

Pour ne pas parler de xénophobie
Ni moins de tribalité
Ni plus de clan ou de religion
Religion de malheur
Sans toutefois oublier celle du bien-être

Qui définit l'authenticité même de l'homme
De par la foi qu'elle donne
Et rapproche l'homme de la divinité
Symbole de sagesse d'homme qui est liberté !

A mon président

Hier j'étais tout neuf
Tout seul dans le monde
Recherchant un monde neuf
Pour des africains vides

Talentueux et avec des idées de génie
De quitter l'Afrique pur pour l'Europe impure
Mais plus entouré par mes penses propres
Ils ont fini par me trahir

Sur le coup des impérialistes
Avec un peuple désireux
L'avenir parait sombre
Si déjà l'occident s'y implique
Avec une de ses touches
Touchante que toute autre ruche
Avec la force des medias
Avec les ONG de malheur
Avec des rebelles de belles dents
Avec des cerveaux brillants
Que de beaux et riches diamants
Te voilà livré aux mercenaires

Puis tu passeras sur l'enclume
Voilà que tu es appelé
A être un poulet sans plume
Sur un froid d'été

A choisir sans avoir un choix
Tu choisis de mourir en héro
Comme tu n'es ni le premier
Ni moins encore le dernier

Tu te rends avec ton monde qui
S'écroule et voilà ton héroïsme
Qui nait des cendres des premiers
Et jamais premiers ni derniers

Pour le moment à nos yeux tu es le dernier
Et voilà de nouveau le continent
De malheur c'est fait berner par le géant
Ayant certainement le cœur qui a arrêté de saigner
C'est le retour au malheur
Il n'est plus présent avec le bonheur
De tout un peuple avec un homme
Très vieux qu'un jeune-homme

Tient la Lybie de MOUARMAR KADHAFI
Et comme rien ne peut suffire
Aux prétendants de la liberté
Soucieux du vin et jamais de l'eau pour tous
Ils sont condamnés dans la nuit
La pleine nuit sans lune

Peu à peu il est minuit
Le lendemain il est au passé
Devant un peuple en deuil
On pleure certes mais rien
Il est mort avec l'Afrique
Avec le rêve des panafricains
Avec le sourire de la libération
Ainsi que le développement et ambitions
De tous les africains de l'unité

Sans doute il avait compris
Moi et plein d'autres avions compris

Plus il n'était pas le premier ni le dernier
Ni moins THOMAS SANKARA son frère
Sous le regard des occidentaux
Les moins humbles et
Contraire à NELSON MANDELA
Sont les plus violent et contraire à NGANDHI

Les plus véreux comme HITLER
Ce sont ses frères de merde
Qui nous ont aussi dépouillé
Plongé dans la merde
Et mieux embrouillé et roulé.

Comme les juifs d'après-guerre
Comme le fils à marie à sa naissance
Comme moi par mon gouvernement
Comme tous les panafricains
Voir tous les africains

Alors désireux de tous les temps
Misérables de mon moi tant,
Déséquilibrer des medias et des ONG
Prenez garde et restez attentif à mon passage
Car j'ai une arme chargée de messages
Pour attendrir vos cœurs et vous
Soumettre à THOMAS SANKARA
Et vous donnez des rêves comme celui M .L.K
Afin que vous surpassiez NGANDI
Et même mon président.

Au sourire d'un peuple et avec
Plus que de belles dents
Et plus que de beaux yeux
Et encore un brillant cerveau

A copier pour un demain historiaux

L'île sanglant

Tout a commencé

Puis tout a pris fin

Plus que jamais j'ai eu faim

De toi qui m'a laissé dans la solitude

Des soirées au milles mains

Croisé dans la solitude

Bref elle m'a laissé mais

Quoi de mieux que cette décision

Qui tout à coup ma fait pression

De quitter le passé et le présent

Sans me ressourcer des présents

Où même des nouveaux cœurs

Sans tenir à un nouvel amour

Dans la peine des sœurs

Sans amour maternelle

Ou juste remplis de foie sans telle

Dans la communauté spiritualiste

Des fol amoureux socialiste

Sans réel ni moins d'ambitions

Plus ou moins démesuré

Ou même des intentions

Des divins de passion je vie

De toi mon cœur qui dévie

L'amour pour laisser place

Sans être dans la classe

Des amoureux divin

Pour te réfugier dans les bras

Des personnages sans draps

Pire encore sans de bon vin

Qui murir l'esprit que ta

Et pour me rechercher plus tard

Dans ma solitude de prince

Sans de véritable palais

Où même omis de royaume

Mais plus divin en amour de lait

Que celui si méprisant de Guillaume

A l'égard des nations noires

Ou même jaune du tiers monde

Sans mode propre ni sale

Plutôt engorger des mains sale

Que leur peau noire

Sans pudeurs mais désirable

Dans leur monde inévitable

Car remplit de roi en amour pur

Sans discrimination raciale

Pourtant une réalité raciale

Silence des cœurs

C'était un soir de dimanche
Un oiseau sur une branche
Sur le versant de la colline
Opposé à la montée une petite Aline

Riche et aussi belle que la lune
Pour moi elle était sublime
Que toutes les belles créatures
D'un ciel riche en miniature
Son corps si près de moi
Et ma mains si près de la sienne
Me rappelais la belle sirène
D'un océan remplir de moi

J'ai pris mon temps
Et j'ai mis un peu de mon sans
Et voilà que c'était un volcan
Et jamais je n'ai imaginé quand
Devrais survenir la douleur
Sans telle on était riche en couleur
Comme en pleine lune un arc-en-ciel

Plus le chagrin n'était présent
Mieux je regardais le passé
Mais à jamais je me suis jamais en passé
Il avait coulé, si riche le sang

Les larmes chaudes

Je t'ai ouvert mes bras
Je ne t'ai pas fermé ma porte
Et tu as préféré claquer la porte
Et derrière toi mes bras

Ouvert sans retour sans amour
Oh mon Dieu d'amour

Dès l'origine tout était pur
Mais l'homme un corps troublé
La femme un moustique
De son corps un envie pour le blé
Rien de pire et dramatique
Que toi dès l'aube impure

Ouvert sans retour sans amour
Oh mon Dieu d'amour

Les arbres ont perdu leurs feuilles
Moi riche de cœur la force d'aimer
Ton amour perdu m'endeuille
Qui que moi pour à nouveau le semer
Sur l'Afrique les gènes du développement

L'amour

Tu étais sous nos yeux
Convoité par des terrains
Désireux des cœurs
Personne n'était mieux
Juste des Dieu sereins
Sans avant en chœur

Mère patrie

Joie des milliers d'ange
Temple de mœurs et de pitié
Voilé par la coque d'ange
Le cœur d'un fantôme Satié

Au premier regard un chantre
Le cœur tout abimé et plâtre

Misérable et sans protection
Proie des corbeaux
Fille d'Erve, femme de beaux
Elle est à l'égard des sanctions
Par amour, la miséricorde
A une femme qui mérite au coure
Pour le pardon une classique corde
Pour donner la joie dans les cours

Au premier regard un chantre
Le cœur tout abimé et plâtre

L'image de Dieu pur
Des amants sans sourire
Misérable comme à l'Eglise une souris
Des hommes devenu impure

Adelaïde, terre nouvelle

Habité par des saints

Et eux comme moi des saints

Et d'un amour pour moi

Et sans distinction je suis moi

Temple de sainteté

Sans amour mais d'une bonté

Pays de rêve

Rapproche-toi de cette branche

Et devient pour moi la réalité d'un rêve

Soit pour les hommes une hanche

Biographie de l'auteur

Date	
1998	AZANGUE NDONFACK BRADONG *née à l'ouest Cameroun.*
2003/2011	Etudes primaires à l'école publique de lipo
2011/2016	Premier cycle du secondaire au collège bilingue intellexi
2016 :2017	Elève en classe de terminale
....	Contemporain

Printed by Books on Demand GmbH, Norderstedt / Germany